HACKEA LA ADOLESCENCIA

Bitácora emocional para madres, padres y educadores valientes

Heiddy Toledo

"No vine a gustarte. Vine a acompañarte."
Porque a veces solo necesitamos que alguien nos diga que no estamos fallando, solo estamos aprendiendo a estar.

Te doy la bienvenida a este espacio emocional

Este no es un cuaderno para encontrar respuestas perfectas.
Es un mapa, una brújula, un espejo... y a veces, un pañuelo.
Aquí caben tus dudas, tu agotamiento tus ganas de hacerlo distinto y también tus silencios.
Gracias por atreverte a mirar la adolescencia no como un campo de batalla, sino como una oportunidad de volver a conectar contigo y con quienes acompañas.
Este cuaderno no te juzga. No te exige. Te invita a respirar, a sentir, a escribir con el alma.

Hazlo tuyo.
— *Heiddy*

Cuaderno de Trabajo – Hackea la Adolescencia

Autora: Heiddy Toledo

Transforma el vínculo, resignifica tu historia, y acompaña con conciencia

Sección inicial
Preparándote para hackear
- ¿Qué significa hackear la adolescencia?
- Bitácora: ¿Desde qué emoción llego hoy?
- Recuerdos y heridas de mi adolescencia
- Línea del tiempo emocional
- El adulto que necesitaba, el que soy hoy

Módulo 1
Criar en la era del caos digital
 Observar, entender y acompañar el vínculo con la tecnología

Módulo 2
El algoritmo emocional
 Reconocer cómo las pantallas activan emociones humanas

Módulo 3
Redes sociales, autoestima y máscaras
 Acompañar sin filtros: autenticidad en la era del "mostrar"

Módulo 4
Éxito, fracaso y miedo al error
 Derribar exigencias y validar la caída como parte del camino

Módulo 5
La comparación y el deseo de pertenecer
 Ver la rareza como belleza y pertenecer sin traicionarse

Módulo 6
Comunicación emocional y vínculo
 Aprender a escuchar de verdad, hablar desde el corazón

Módulo 7
Tecnología como aliada (no enemiga)
Curiosidad, conexión y guías internas para navegar lo digital

Módulo 8
Cuidar la salud mental sin patologizar
Nombrar sin etiquetar. Acompañar sin diagnosticar de más

Módulo 9
Presencia, límites y coherencia
Reescribir límites desde el vínculo, no desde el control

Módulo 10
El poder de la ternura radical
Ternura como acto valiente de conexión, no de debilidad

Cierre emocional y bonus
- Bitácora final: lo que me costó, lo que me movió, lo que aprendí
- Carta final para mí
- Reto de 7 días de conexión
- Tarjetas y recursos imprimibles
- Comunidad emocional (acceso vía QR)

Hola, soy Heiddy. Este no es un cuaderno más.

No está hecho para enseñarte a criar "bien".

Está hecho para acompañarte mientras acompañas, para abrazar tu cansancio emocional, y para que encuentres formas reales, humanas y conscientes de vincularte con tu hijo adolescente.

No es un libro para expertos, ni me considero experta. Es un cuaderno para madres, padres y educadores que sienten. Que a veces se quiebran. Que muchas veces se culpan. Que no quieren repetir lo que dolió, pero tampoco saben del todo cómo hacerlo distinto.

¿QUÉ ES ESTO Y CÓMO USARLO?

Este cuaderno es un espacio seguro para tu voz.

Aquí vas a escribir, tachar, llorar, reírte de ti misma, tener ganas de cerrar la página y también de subrayar frases como si fueran salvavidas.

Cada módulo incluye:
- Reflexión profunda
- Actividades prácticas
- Frases ancla
- Cultura pop como espejo emocional
- Desafíos para vincularte mejor
- Ejercicios para reparar tu forma de estar presente

Puedes hacerlos en orden... o no.

 Puedes escribir solo una palabra... o vaciar el alma.
Lo importante es que lo uses como una conversación contigo misma, no como una tarea que debes cumplir.

¿QUÉ SIGNIFICA "HACKEAR" LA ADOLESCENCIA?

"Hackear" no es romper ni controlar.
Hackear es encontrar una nueva forma de mirar, una puerta de entrada que no sabías que existía.
Es comprender que la adolescencia no es un enemigo, sino una invitación: a dejar de educar desde el miedo, desde la prisa, desde el castigo.

Y empezar a acompañar desde la verdad emocional, la presencia imperfecta, la ternura radical.

Este cuaderno no busca que tu hijo cambie.

Busca ayudarte a no desconectarte de ti misma mientras lo acompañas.

¿Estás lista para hackear tu forma de acompañar?
Aquí empieza el verdadero vínculo.

Con él. Contigo. Con la historia que aún puedes escribir distinta.

"No tienes que tener todo claro para dar el siguiente paso.
Solo necesitas que te importe lo suficiente como para no rendirte hoy."

Con Cariño,
Heiddy

🧭 BITÁCORA INICIAL

"Antes de acompañar, necesito mirar hacia adentro"

Bienvenida

Este no es un cuaderno para corregir a nadie.
Es un espacio para reencontrarte contigo, para revisar creencias heredadas, abrazar tus errores, reconocer tu cansancio y reescribir la forma en que te vinculas con el adolescente que te necesita... aunque no siempre lo diga.
Aquí no hay respuestas perfectas. Solo preguntas que tal vez nunca te has hecho.

¿Desde qué emoción llegas hoy?

Marca o rodea las que más resuenan contigo en este momento:
1. ☹ Agotamiento
2. 😕 Duda
3. ♡ Amor
4. 😣 Frustración
5. 😐 Culpa
6. 😕 Confusión
7. 🙌 Esperanza
8. 💔 Desconexión
9. ✨ Ganas de hacerlo distinto

¿Quieres anotar alguna más?
_____
_____

Reflejo: ¿Quién eres tú en esta etapa de crianza?

Completa las frases como te salga, sin juzgarte:

- *"A veces siento que..."* _____
_____

- *"Lo que más me cuesta con mi adolescente es..."* _____
_____

- *"Me gustaría poder..."* _____
_____

- *"Algo que nunca le he dicho pero siento es…"* _____
_____
_____

- *"Cuando me enojo, suelo…"* _____
_____
_____

- *"Cuando me culpo, pienso que…"* _____
_____
_____

Tu adolescente interno también merece voz

Recuerda quién fuiste a los 12, 14, 16 años…

- ¿Qué te hacía llorar en silencio?
_____
_____

- ¿Quién te hacía sentir visto/a?
_____
_____

- ¿Qué te hubiera gustado que los adultos entendieran?
_____
_____

- ¿Qué promesa te hiciste entonces y aún cargas?
_____
_____

🎧 Si tu adolescente pudiera hacer un TikTok hoy, ¿qué mostraría?
_____
_____

Inventario de creencias heredadas

Completa estas frases con total sinceridad:

- *"Una frase que escuchaba de niño/a y me marcó fue:* _____
_____"

- *"En mi casa, equivocarse era sinónimo de* _____
_____"

- *"Para ser querido/a, tenía que* _____
_____"

- *"Mostrar emociones era visto como* _____
_____"

Ahora respira...

- ¿Cuáles de estas creencias aún viven en tu forma de educar?

_____
_____
_____

Intención para este cuaderno

Una página para escribir sin filtros. Este es tu propósito emocional, tu brújula.

"Durante este proceso, me gustaría permitirme..."

"No espero ser perfecto/a. Solo..."

"Mi intención es conectar más con..."

Dibuja o escribe 3 cosas que te hubiera gustado recibir de los adultos que te criaban

1.

2.

3.

¿Hoy se las estás dando a tu hijo?

Cierre de Bitácora

¿Te atreves a escribirte una carta breve?

De tú para ti. Del adulto que eres, al niño que fuiste. O del padre/madre que intenta, al que exige.

✉ Carta para mí mismx:

MÓDULO 1

Criar en la era del caos digital

Entre pantallas, culpas y la búsqueda de presencia real

RESUMEN CLAVE DEL CAPÍTULO

Vivimos en una época donde todo sucede rápido. Las redes, los estímulos, las exigencias. Y en medio de eso, intentamos criar con amor, pero también con culpa, con duda, con cansancio. Este capítulo nos invita a repensar el rol de la tecnología no como un enemigo, sino como una realidad que requiere conciencia, presencia y límites saludables.

"No es la pantalla lo que daña, es lo que dejamos de mirar cuando solo miramos la pantalla."

 BITÁCORA DE REFLEXIÓN

¿Cómo me posiciono frente a la tecnología?

Completa con sinceridad:

- *"Cuando pienso en el uso que hace mi hijo/a de la tecnología, lo primero que siento es..."*

_____
_____
_____

- *"Me cuesta aceptar que..."*

_____
_____
_____

- *"Yo también me desconecto de la vida real cuando..."*

_____
_____
_____

Autodiagnóstico express: ¿Padre/Madre en modo qué?

Marca lo que más se parece a ti:

☐ Reviso el celular cuando estoy comiendo con mi hijo/a

☐ Le grito que deje el teléfono mientras yo estoy en el mío

☐ Me angustio si no responde rápido

☐ Me culpo cuando no paso tiempo sin pantallas

☐ Hablamos de lo digital solo cuando hay conflicto

¿Qué patrón se repite? ¿Y qué pequeño cambio podrías intentar esta semana?
_____
_____

EJERCICIO PRÁCTICO: 24h SIN CONTROL

Durante 24 horas, no comentes, no critiques, no impongas nada sobre el uso de pantallas. Solo observa y registra lo siguiente:

- ¿Qué apps usa más?
_____

- ¿Qué emociones le provoca (risa, frustración, ansiedad)?
_____

- ¿En qué momentos busca la pantalla?
_____

- ¿Qué patrón ves?
_____

✏️ Anota tus observaciones sin juicio:

🎧 ¿Y tú? ¿Qué hiciste con tu propio celular durante ese día?

PROPUESTA DE CONEXIÓN: El "experimento espejo"

Elige una app que tu hijo/a usa (TikTok, YouTube, Instagram, Discord...) y úsala tú durante 20 minutos al día por 3 días seguidos.

Luego responde:

- ¿Qué viste?
  _____
  _____

- ¿Qué entendiste de su mundo?
  _____
  _____

- ¿En qué te reflejó?
  _____
  _____

Esto no es para controlarlo. Es para comprender su universo emocional y simbólico.

🎬 CULTURA POP QUE HABLA POR NOSOTROS

RECOMENDACIÓN:

Mira el capítulo "*Nosedive*" (*Caída en picada*) temporada 3 de Black Mirror (Netflix), donde todos se califican entre sí como si vivieran en Instagram.

- ¿Qué emociones te despertó?
  _____
  _____

- ¿Te reconociste en algún personaje?
  _____
  _____

- ¿Qué le dirías a tu hijo si vieran esto juntos?
  _____
  _____

📎 CIERRE DEL MÓDULO: INTENCIÓN DIGITAL

Termina escribiendo tu propósito digital consciente como madre/padre:

"Esta semana, me comprometo a..."

_____

_____

_____

"No quiero solo limitar, quiero..."

_____

_____

_____

"Porque sé que el vínculo también se construye con..."

_____

_____

_____

✏️ EXTRA OPCIONAL: ACTIVIDAD CREATIVA

Crea tu "MoodBoard del vínculo digital"

Recorta, dibuja o busca imágenes que representen:

- Cómo se ve tu relación digital con tu hijo/a hoy
- Cómo te gustaría que se vea en 3 meses

Pega, colorea, escribe. Haz visible tu deseo de transformación.

MÓDULO 2

El algoritmo emocional

Lo que las pantallas saben de nosotros... y nosotros no

RESUMEN CLAVE DEL CAPÍTULO

Las redes no solo saben lo que vemos. Saben cuándo estamos tristes, aburridos, ansiosos... porque están diseñadas para leer nuestras emociones y mantenernos enganchados. Lo mismo pasa con nuestros hijos/as. Pero mientras los algoritmos aprenden de ellos, nosotros como adultos muchas veces dejamos de observarlos emocionalmente.

"¿Y si en vez de controlar lo que ven, entendemos lo que sienten cuando lo ven?"

BITÁCORA DE REFLEXIÓN:

¿Qué tanto entiendo el mundo emocional digital de mi hijo/a?

- "Creo que mi hijo/a usa redes sociales para..."
_____
_____

- "Cuando le prohibo el celular o el juego, su reacción más común es..."
_____
_____

- "¿Qué emociones creo que busca regular con la pantalla?"
(☐ Evasión ☐ Diversión ☐ Reconocimiento ☐ Calma ☐ Otros: _____)

- "Y yo... ¿Qué pantalla uso cuando me quiero desconectar emocionalmente?"
_____
_____
_____

EJERCICIO: INVENTARIO DE NUESTROS "ALGORITMOS HUMANOS"

Completen juntos (tu hijo/a y tu) este juego simple:

Situación	¿Qué siente?	¿Qué suele hacer?	¿Qué red/app usa en ese momento?
Pelea con amigos			
Se siente solo/a			
Tiene una tarea difícil o aburrida			
Tiene un logro que quiere compartir			
Está aburrido/a en casa			

Conclusión: ¿Qué patrón descubriste? ¿Qué emociones no expresadas están siendo filtradas por algoritmos externos?

_____

_____

_____

💬 DIÁLOGO PUENTE: 3 preguntas que abren mundos

En lugar de "¿Cuánto tiempo estuviste en TikTok?", prueba:

1. "¿Qué fue lo más divertido/interesante/extraño que viste hoy?"
2. "¿Te gustaría mostrarme algo que te representa?"
3. "¿Crees que TikTok entiende tus emociones mejor que yo?"

Escucha sin interrumpir. No es para debatir. Es para entender.

CULTURA POP & EMOCIÓN DIGITAL

Reel para analizar juntos:

Busca alguno de estos en TikTok o Instagram:

- "POV: nadie me habla en todo el día y de pronto me llega un sticker de mi mejor amigo"
- "Cuando finges estar bien pero el algoritmo te lanza el video justo que necesitabas"

 Pregunta:
- ¿Alguna vez sentiste algo parecido?
- ¿Qué harías si supieras que tu hijo/a lo ve todos los días?

 EJERCICIO PRÁCTICO: "DIETA DE DOPAMINA EXPRESS"

Hazlo por 2 días con tu hijo/a (o solo, si él/ella no se anima todavía):

- No consumir nada de redes por 2 horas seguidas.
- Hacer una lista:
    - ¿Qué sentí en esos momentos?
    - ¿Qué hice para llenar el vacío de estímulo?

Luego pregúntate:

¿Cuánto de lo que "necesitamos" es realmente hábito disfrazado de necesidad emocional?

📎 CIERRE DEL MÓDULO

Carta breve para mi hijo/a:

"Sé que el mundo te exige estar disponible, visible, entretenido todo el tiempo.

Pero yo quiero ser alguien con quien puedas estar en silencio.

No me interesa vigilarte. Me interesa comprenderte."

Con amor,

✏️ EXTRA OPCIONAL: CREA TU PROPIO "ALGORITMO EMOCIONAL HUMANO"

Dibuja o escribe cómo sería un algoritmo emocional que no da likes, pero sí escucha.

- ¿Qué datos tomaría en cuenta?

- ¿Qué te sugeriría cuando estás triste?

- ¿Qué tipo de "contenido" humano ofrecería?

MÓDULO 3

Redes sociales, autoestima y máscaras

Lo que mostramos, lo que escondemos, lo que necesitamos que vean

RESUMEN CLAVE DEL CAPÍTULO

Vivimos una adolescencia hipervisual. Cada like, cada selfie y cada historia publicada es un intento —a veces inconsciente— de decir: "Aquí estoy, ¿me ves?"

En esta era, la autoestima se mide en validaciones externas. Pero también es una oportunidad para enseñar a ver(se) con honestidad, a mostrar(se) sin tener que esconder el dolor, el error o la duda.

"Cuando un adolescente publica, no siempre está comunicando. A veces, solo está buscando que alguien lo perciba."

BITÁCORA DE REFLEXIÓN

¿Cómo entiendo yo la autoestima?

- *"Para mí, autoestima era..."*

_____
_____
_____

- *"De adolescente, yo me sentía bien conmigo mismo/a cuando..."*

_____
_____

- *"Hoy me cuesta mostrarme porque..."*

_____
_____

- *"¿Estoy enseñando a mi hijo/a a aceptarse o a ajustarse?"*

_____
_____

EJERCICIO: "MI FEED REAL / MI FEED IDEAL"

Dibuja dos columnas (o hazlo mentalmente):

1. Feed REAL – ¿Qué mostraría tu hijo/a si no sintiera miedo ni vergüenza?
2. Feed IDEAL – ¿Qué cree que debe mostrar para ser aceptado/a?

Haz el mismo ejercicio contigo. Luego reflexiona:

¿Qué versión estoy mostrando yo como adulto/a?

¿Hay cosas que escondo porque aprendí que no eran "dignas de mostrarse"?

MINI-ANÁLISIS: ¿Qué hay detrás de un post?

Elige una publicación cualquiera (tuya o de tu hijo/a) y responde:

- ¿Qué emoción impulsó esta publicación?

_____
_____
_____

- ¿Qué reacción se esperaba (consciente o no)?

_____
_____
_____

- ¿Qué pasaría si nadie le diera like?

_____
_____

El ejercicio no es juzgar, sino entender la necesidad oculta que hay detrás de la exposición.

RETO EN CASA: CITA SIN FILTROS

Propon un espacio de 30 minutos con tu hijo/a donde:

- No hay celulares

- No hay "¿cómo te fue?" ni sermones
- Solo una consigna: contarse algo que no se ve en redes

Puedes decir:

"No vengo a juzgar ni a arreglar nada. Solo quiero estar. ¿Me compartís algo que nadie ve de vos?"

 CULTURA POP Y LA MÁSCARA DIGITAL

Escucha con tu hijo/a esta canción:

"Fake Smile" – Ariana Grande

Habla de ponerse una sonrisa para no mostrar el dolor real.

- ¿Con qué parte se identifican?
- ¿Qué máscaras usamos en casa?

 EJERCICIO POSITIVO: "#SinFiltroChallenge"

Crea una lista de cosas que te gustaría que tu hijo/a supiera que no necesita para ser suficiente:

- No necesita tener el cuerpo de...
- No necesita responder rápido los mensajes...
- No necesita maquillarse/editarse/posar para valer...
- No necesita estar disponible todo el tiempo...

Pega esta lista en un lugar visible. Y si puedes, decíselo en voz alta.

CIERRE DEL MÓDULO: CARTA BREVE A TU HIJO/A

"No quiero que aprendas a mostrarte solo cuando estés feliz.
Quiero que aprendas a sostenerte también cuando duelas.
Y quiero que sepas que acá estoy, incluso si no sabés cómo contarlo."
Con amor,

MÓDULO 4
Éxito, fracaso y miedo al error

Lo que nos dijeron que teníamos que ser... y lo que necesitamos ser

RESUMEN CLAVE DEL CAPÍTULO

Vivimos una cultura donde "ser alguien en la vida" está asociado al logro, al rendimiento, a la excelencia constante. Pero este paradigma genera adolescentes que le temen al error, evitan intentar y se desconectan de su deseo auténtico. El miedo al fracaso es muchas veces miedo a dejar de ser queridos.

"El problema no es fallar. El problema es sentir que si fallo, ya no merezco amor."

BITÁCORA DE REFLEXIÓN

¿Qué aprendí yo sobre el éxito y el fracaso?

- *"Cuando yo me equivocaba de niño/a, los adultos..."*

_____
_____
_____

- *"Mi relación actual con el error es..."*

_____
_____
_____

- *"Lo que más temo que mi hijo/a experimente es..."*

_____
_____
_____

- *"Cuando mi hijo/a fracasa, yo..."*

_____
_____
_____

INVENTARIO DE MENSAJES SOBRE ÉXITO EN CASA

¿Cuáles de estas frases se escuchan (o se insinúan) en tu hogar?

☐ "Tienes que ser el mejor."

☐ "Puedes con todo si te lo propones."

☐ "No me importa la nota, pero… ¿por qué te fue mal?"

☐ "Fracasaste porque no te esforzaste lo suficiente."

☐ "No te rindas nunca."

Ahora responde:

- ¿Qué emociones generan estas frases?

_____

_____

- ¿Qué podrías decir diferente que sostenga sin presionar?

_____

_____

EJERCICIO: "MI CAÍDA MÁS POTENTE"

Escribe sobre una vez que fallaste y aprendiste algo grande:

- ¿Qué pasó?

_____

_____

_____

- ¿Qué sentiste?

_____

_____

_____

- ¿Qué te enseñó?

_____
_____
_____

- ¿Qué hubieras necesitado escuchar de los adultos en ese momento?

_____
_____
_____

Luego comparte esta historia con tu hijo/a, si sientes que el vínculo lo permite.

💬 DIÁLOGO PUENTE: "Si fracaso, ¿seguirás ahí?"

Haz esta pregunta en una charla íntima:

"¿Sientes que si te equivocas, te voy a querer menos?"

Escucha sin corregir. A veces lo más importante es lo que ellos perciben, no lo que piensas que estás transmitiendo.

🎬 CULTURA POP PARA REESCRIBIR EL ERROR

Película recomendada:

"Ratatouille" (Disney Pixar)

Remy no tiene permiso social para soñar, pero lo hace igual. Falla, lo echan, pero sigue cocinando.

Preguntas para charlar:

- ¿Con qué personaje te identificás?
- ¿Quién le dio permiso para intentarlo?

✏️ EJERCICIO POSITIVO: "CARTA A MI HIJO/A CUANDO SE EQUIVOQUE"

"El día que todo te salga mal, quiero que recuerdes esto:

Que tu valor no se mide en notas ni en medallas.

Que puedess fallar sin perderme.

Que equivocarse no te quita el derecho a ser amado/a."

Siempre,!

✏️ ACTIVIDAD EXTRA: "ÉXITOS QUE NO POSTEAN EN INSTAGRAM"

Haz una lista junto a tu hijo/a de cosas pequeñas que son un logro real, aunque nadie aplauda:

- Terminar algo que costaba
- Decir "no" con respeto
- Pedir ayuda
- Descansar sin culpa
- Hacer algo nuevo aunque dé miedo
- Pueden crear una "Galería de logros invisibles" y pegarla en un espacio común.

MÓDULO 5

La comparación y el deseo de pertenecer

Ser diferente sin sentirse fuera

RESUMEN CLAVE DEL CAPÍTULO

Uno de los dolores más silenciosos de la adolescencia es el miedo a no encajar. Vivimos en una época donde la comparación está normalizada, pero comparamos nuestras heridas con las apariencias del otro. Esto desgasta, frustra, silencia.

El desafío está en enseñar que no hay que encajar en todo para pertenecer, que la autenticidad también puede ser un refugio.

"Compararse no es el problema. El problema es dejar de verse cuando uno se compara."

 ### BITÁCORA DE REFLEXIÓN

¿Cuándo empecé a compararme?

- *"De adolescente, me comparaba con..."*

_____

_____

- *"Hoy como adulto/a, aún me comparo cuando..."*

_____

_____

- *"A veces proyecto en mi hijo/a el deseo de que sea..."*

_____

_____

- *"¿Qué me pasa cuando él/ella no encaja donde yo esperaba?"*

_____

_____

EJERCICIO: INVENTARIO DE PRESIONES INVISIBLES

Marca las frases que hayas dicho o pensado alguna vez:

☐ "¿Por qué no eres más como...?"

☐ "A esa edad yo ya hacía tal cosa."

☐ "No entiendo por qué no te integras."

☐ "Tienes que hacer más amigos."

☐ "Ya es tiempo de que seas más sociable/maduro."

Reflexiona:

- ¿Qué presión emocional ocultan estas frases?
- ¿Qué emociones despiertan en tu hijo/a?

DINÁMICA: "LO QUE ME HACE ÚNICO"

Haz este ejercicio con tu hijo/a o primero contigo:

- Elige 3 cosas que te hacen diferente.

  1._____

  2._____

  3._____

- ¿Alguna vez te hicieron sentir raro/a por eso?

_____

- ¿Hoy las ves como algo valioso? ¿Por qué?

_____

_____

Ahora, pregúntale a tu hijo/a:

- "¿Qué parte de ti escondes para que no te critiquen?"

_____

- "¿Qué pasaría si mostraras eso con orgullo?"

_____

🎯 RETO PUENTE: LA LISTA DE "INCOMODAMENTE YO"

Invita a tu hijo/a a escribir juntos:

- Algo que me hace distinto/a
- Algo que me gustaría mostrar pero no me animo
- Algo que quiero dejar de imitar
- Algo que me da miedo que otros vean

Este ejercicio puede ser solo escrito, o compartido si hay confianza.

🎬 CULTURA POP QUE ILUMINA

Serie sugerida:

"Heartstopper" (Netflix). Una historia sobre identidad, aceptación y pertenencia.

Preguntas clave:

- ¿Quiénes se sienten diferentes?
- ¿Cómo cambia su mundo cuando encuentran un lugar seguro?
- ¿Qué significa tener "personas refugio"?

✏️ FRASE DE ANCLA PARA TU HIJO/A

"No quiero que seas como todos.

Quiero que seas tú, sin miedo.

Y quiero que sepas que tu rareza es bienvenida en casa."

✏️ ACTIVIDAD CREATIVA EXTRA: "MI MAPA DE PERTENENCIA"

Dibuja un círculo con estas zonas:

- 💚 Personas con quienes puedo ser yo
- ⋯ Lugares donde me callo para encajar
- ❊ Espacios donde quiero pertenecer, pero no me siento seguro/a
- ⋎ Lo que necesito para sentirme libre de ser auténtico/a

Invita a tu hijo/a a hacer el suyo. Y si lo comparten, miren cómo pueden **construir juntos lugares seguros, sin exigencia de encajar.**

MÓDULO 6

Comunicación emocional y vínculo

Hablar no es lo mismo que conectar

RESUMEN CLAVE DEL CAPÍTULO

La adolescencia es un momento de contradicciones: quieren distancia, pero necesitan presencia. Quieren independencia, pero buscan guía. El problema no es que no hablen, sino que no encuentran espacios seguros para hacerlo.

La comunicación real no parte del control ni del sermón: nace del vínculo, del silencio que escucha, del lenguaje que no hiere, de la mirada que no exige.

"Cuando un adolescente no habla, no siempre está enojado. A veces está cansado de no sentirse entendido."

 BITÁCORA DE REFLEXIÓN

¿Cómo me comunico con mi hijo/a?

- *"Cuando me cuenta algo difícil, yo suelo…"*

_____

_____

- *"Cuando me preocupa, tiendo a…"*

_____

_____

- *"A veces me doy cuenta de que hablo más para…"*

☐ Calmar mi ansiedad

☐ Tener control

☐ Cumplir un rol

☐ Llenar silencios

☐ Otra: _____

- *"Lo que más me cuesta escuchar sin reaccionar es…"*

_____

EJERCICIO: FRASES PUENTE vs. FRASES MURO

Frases **MURO** (las que cierran el diálogo)

Marca las que hayas usado:

☐ "No es para tanto"

☐ "¿Y tú qué hiciste para que pasara eso?"

☐ "Cuando yo tenía tu edad…"

☐ "Eso no es nada, deberías ver lo que yo viví"

☐ "Ya te lo dije"

☐ "Estás exagerando"

¿Qué emociones crees que generan en tu hijo/a?

Frases **PUENTE** (las que abren espacio)

Escribe con tu propia voz estas frases adaptadas a tu forma de hablar:

- "Gracias por contármelo."
- "No sé exactamente qué decirte, pero estoy aquí."
- "¿Quieres que te escuche o que te ayude a resolver?"
- "Me cuesta escucharte, pero me importa más acompañarte."
- "Vamos a pensar juntos/as qué necesitas."
- "Estoy aprendiendo contigo."

📢 Usa al menos 2 esta semana, aunque te cueste.

🎯 RETO PRÁCTICO: "3 DÍAS DE ESCUCHA ACTIVA"

Durante tres días:

1. Dedica 15 minutos a estar con tu hijo/a sin pantallas ni distracciones.
2. No preguntes cosas típicas. Solo explora desde el interés:
    - "¿Qué fue lo más raro/divertido del día?"
    - "¿Qué viste en redes que te llamó la atención?"
    - "¿Qué harías diferente si pudieras?"

Al final de esos tres días, reflexiona:

"¿Qué cambió en mi forma de mirar y escuchar?"

DIÁLOGO PUENTE: PREGUNTAS QUE NO APUNTAN AL COMPORTAMIENTO, SINO A LA EMOCIÓN

- ¿Cómo te sentiste hoy y por qué crees que fue así?
- ¿Qué es lo que más deseas en silencio?
- ¿Qué parte de ti sientes que no entiendo?

No interrumpas, no expliques, no corrijas. Solo escucha como quien recibe algo sagrado.

 CULTURA POP QUE ESCUCHA EN PROFUNDIDAD

🎵 Canción sugerida:

"In My Blood" – Shawn Mendes

Habla de ansiedad y necesidad de apoyo, sin vergüenza.

Preguntas para conversar:

- ¿Qué parte de la canción se siente real para ti?
- ¿Sientes que puedes hablar de esto con alguien?

También puedes compartir una canción que hable de lo que tú no pudiste decir de adolescente.

 FRASE DE ANCLA PARA TU HIJO/A

"Aquí estoy.

No para arreglarte, ni para apurarte,

sino para ser un espacio donde puedas dejar de actuar."

ACTIVIDAD CREATIVA EXTRA: "MI DICCIONARIO EMOCIONAL FAMILIAR"

1. Haz una lista con tu hijo/a de emociones frecuentes (tristeza, enojo, frustración, miedo, culpa, alegría...)
2. Juntos respondan:
    - ¿Cómo se ve esto en mí?
    - ¿Cómo lo expresamos en casa?
    - ¿Qué necesitamos que el otro haga cuando nos sentimos así?

♡ **Crea una "Guía de primeros auxilios emocionales" casera, con reglas del tipo:**

- Cuando estoy triste, no me digas "anímate". Solo siéntate conmigo.
- Cuando me enojo, no me grites. Pregunta si quiero hablar después.
- Cuando estoy feliz, celébremoslo sin memes de burla.

📎 CIERRE DEL MÓDULO

Escribe tu compromiso personal de comunicación consciente:

"Esta semana voy a hablar menos desde el miedo y más desde..."

"Voy a escuchar más incluso cuando..."

"Voy a recordar que lo más valioso que puedo dar no es una respuesta, sino mi..."

MÓDULO 7

Tecnología como aliada (no enemiga)

Ni castigo, ni adicción: una oportunidad de encuentro

RESUMEN CLAVE DEL CAPÍTULO

Muchos adultos dicen "la tecnología lo está arruinando", pero la verdadera pregunta es:

"¿Qué espacio emocional ha ocupado la tecnología en la vida de tu hijo/a?"

La pantalla no reemplaza el vínculo, pero lo llena si ese vínculo no existe o se vuelve amenazante. Este módulo no busca eliminar la tecnología, sino reencuadrarla como una herramienta que puede acercarnos, si sabemos cómo entrar en ese mundo sin invadirlo ni controlarlo.

"No es apagar la pantalla. Es encender la presencia."

BITÁCORA DE REFLEXIÓN

¿Cómo me posiciono frente al uso de tecnología?

- *"Cuando pienso en el celular o los videojuegos de mi hijo/a, lo primero que siento es..."*

_____
_____

- *"Yo también uso pantallas para..."*

☐ Evadir

☐ Relajarme

☐ Controlar

☐ Llenar tiempo

☐ Otra: _____

- *"La tecnología me asusta porque..."*

_____
_____

AUTODIAGNÓSTICO DIGITAL CONSCIENTE

Marca lo que sucede con frecuencia en tu hogar:

☐ Hay discusiones por el tiempo de pantalla

☐ Se castiga quitando el celular

☐ No compartimos actividades tecnológicas

☐ El diálogo sobre redes solo ocurre cuando hay conflicto

☐ Yo también reviso el teléfono mientras estoy con él/ella

Resultado:

¿La tecnología es terreno de guerra o espacio compartido?

_____

RETO PRÁCTICO: "1 DÍA DIGITAL CONECTADO"

Durante un día, cambia la forma en que te relacionas con la tecnología de tu hijo/a:

1. No le controles nada. Solo observa.
2. Haz preguntas de curiosidad real, no de control:
   - "¿Qué te gusta de este juego?"
   - "¿Cómo aprendiste eso?"
   - "¿Quiénes son tus creadores favoritos?"
3. Pídele que te enseñe algo. Un truco, una app, un canal, un filtro.

   Reflexiona al final del día:

¿Qué descubriste de su mundo?

_____
_____
_____

¿Qué entendió tu hijo/a sobre ti?

_____
_____
_____

ACTIVIDAD CREATIVA EXTRA: "MI VÍNCULO DIGITAL IDEAL"

Dibuja dos pantallas:

- Una con lo que suele pasar entre ustedes (discusión, quejas, silencio, risas, memes...)
- Otra con cómo te gustaría que se viera ese vínculo digital

Comparte tu dibujo con tu hijo/a si quieres.

 FRASE DE ANCLA PARA TU HIJO/A

"Me gustaría que la tecnología no nos aleje, sino que se vuelva un puente. Si me enseñas tu mundo, yo estoy lista/o para aprender."

MÓDULO 8

Cuidar la salud mental sin patologizar

No todo lo que duele es una enfermedad

RESUMEN CLAVE DEL CAPÍTULO

La adolescencia es emocionalmente intensa. A veces hay tristeza, ansiedad, apatía, cambios abruptos... Y aunque debemos estar atentos, también es clave no medicalizar o etiquetar lo que puede ser un proceso humano de transformación.

El verdadero cuidado emocional no comienza con un diagnóstico, sino con una presencia que pregunta: "¿Qué necesitas?" en lugar de "¿Qué te pasa?".

"Una etiqueta puede calmar al adulto, pero encerrar al adolescente."

BITÁCORA DE REFLEXIÓN

¿Cómo vivo el sufrimiento emocional de mi hijo/a?

- "Cuando mi hijo/a está triste o apagado/a, yo siento..."

_____

_____

- "Mi reacción automática suele ser..."

☐ Minimizar

☐ Alarmarme

☐ Buscar ayuda externa de inmediato

☐ Hablar mucho

☐ Retirarme emocionalmente

"De adolescente, a mí me sostenían emocionalmente cuando..."

_____

_____

- "¿Qué tipo de acompañamiento me hubiera gustado tener?"

_____

_____

INVENTARIO DE CREENCIAS SOBRE SALUD MENTAL

Marca las frases que has pensado o dicho alguna vez (sin juzgarte):

☐ "Tiene todo, no debería sentirse así."

☐ "Solo está llamando la atención."

☐ "Debe ser por las redes."

☐ "Lo que necesita es ocuparse, no pensar tanto."

☐ "No creo en la ansiedad, en mis tiempos no existía eso."

Reflexión:

¿Qué mensaje emocional hay detrás de estas frases?

¿Qué puedo decir o hacer diferente la próxima vez?

🎯 RETO PRÁCTICO: "NOMBRA, NO ETIQUETES"

Durante una semana, cada vez que veas una emoción en tu hijo/a:

Nómbrala con suavidad, sin definirla como permanente:

"Parece que estás muy frustrado/a hoy."

"Siento que estás un poco apagado/a esta tarde."

"¿Te gustaría que estemos en silencio un rato?"

No la expliques ni soluciones al instante. Solo pregunta:

"¿Te gustaría que te acompañe o prefieres estar solo/a un momento?"

Anota tu experiencia:

¿Cómo cambió tu forma de acercarte?

_____

_____

¿Qué respondió tu hijo/a ante ese espacio seguro?

_____

_____

DIÁLOGO PUENTE: HABLAR SOBRE LO QUE NO SE HABLA

Pregunta con respeto y apertura:

- "¿Alguna vez te has sentido mal sin saber por qué?"
- "¿Qué cosas te ayudan cuando sientes que no puedes más?"
- "¿Hay algo que temes contar por miedo a que no lo entienda?"

No busques corregir. Solo valida, abraza y reconoce.

 ## CULTURA POP QUE HACE VISIBLE LA ANSIEDAD

Recurso:

Documental "The Mind, Explained: Ansiedad" (Netflix)

Breve, visual, claro. Ideal para ver juntos.

Conversación sugerida después:

- ¿Qué parte te hizo más sentido?
- ¿Has sentido algo similar?
- ¿Crees que los adultos entienden estas sensaciones?

 ## FRASE DE ANCLA PARA TU HIJO/A

"No quiero que te sientas solo/a con lo que sientes.

No estás roto/a. Estás sintiendo fuerte. Y aquí estoy."

 ## ACTIVIDAD CREATIVA EXTRA: "MI TERMÓMETRO EMOCIONAL PERSONALIZADO"

Crea con tu hijo/a un termómetro emocional en 5 niveles:

- Tranquilo
- Algo inquieto
- Triste o cansado
- Muy angustiado
- En crisis

Para cada nivel, escriban juntos:
- Cómo se siente físicamente
- Qué palabras le sirven escuchar
- Qué necesita (espacio, compañía, movimiento, música...)

Usen este termómetro como referencia para esos días en que las palabras no alcanzan.

 CIERRE DEL MÓDULO

Escribe tu compromiso de acompañamiento emocional:
- *"No voy a acelerar tu proceso.*
- *Tampoco voy a ignorarlo.*
- *Estoy aprendiendo a sostener sin invadir,*
- *a observar sin etiquetar,*
- *a estar contigo sin exigirte que estés bien."*

MÓDULO 9
Presencia, límites y coherencia

Decir que no sin desaparecer emocionalmente

RESUMEN CLAVE DEL CAPÍTULO

Muchos adultos sienten que si no son duros, "los hijos se les suben encima", y si son blandos, "se vuelven amigos, no padres". Pero hay otra forma: una presencia firme y afectuosa, que no abandona, que no controla, que guía sin humillar y contiene sin castigar.

Los límites no destruyen el amor. La incoherencia sí.

"El límite más importante no es el que impongo. Es el que soy capaz de sostener con amor."

 ## BITÁCORA DE REFLEXIÓN

¿Qué aprendí yo sobre los límites?

- *"Cuando era niño/a, los límites se sentían como…"*

_____
_____

- *"Hoy, los límites que más me cuestan poner son…"*

_____
_____

- *"Me siento mal cuando digo que no porque…"*

_____
_____

- *"Me descubro cediendo cuando…"*

_____
_____

INVENTARIO DE PRESENCIA VS. DISPONIBILIDAD

Revisa estas actitudes y márcalas honestamente:

- ☐ *Estoy físicamente, pero no emocionalmente*
- ☐ *Estoy presente solo cuando hay problemas*
- ☐ *Me ausento por culpa cuando pongo límites*
- ☐ *Me siento inseguro/a cuando él/ella se enoja*
- ☐ *Intento ser "buena onda" para que me escuche*

Reflexión:

¿Estoy realmente disponible para vincular, o solo funcionalmente presente?

🎯 EJERCICIO PRÁCTICO: "LÍMITES CON PALABRAS QUE CUIDAN"

Reformula límites habituales con lenguaje que no rompa el vínculo:

Límite autoritario	Límite consciente y firme
"Porque yo lo digo y punto."	"No estoy de acuerdo, y puedo explicarte por qué."
"Si haces eso, te quito todo."	"Si haces eso, voy a tener que intervenir. Y no quiero llegar ahí."
"No tienes derecho a hablarme así."	"Puedo escucharte, pero no si me hablas de esa manera."

Escribe aquí dos límites que vas a aplicar esta semana con tono claro y respetuoso:

_____

_____

🧠 RETO: "LÍMITE + VÍNCULO = CONTENCIÓN REAL"

Durante 3 días, cuando debas decir "no":

1. Respira antes de responder.
2. Nombra la emoción del otro antes de marcar el límite.
   - "Sé que esto te frustra…"
   - "Entiendo que esperabas otra cosa…"
3. Sostener sin desbordarte.
   - "Voy a mantener esta decisión, aunque sea incómoda."

Reflexiona después de cada día:
- ¿Qué cambió en mi forma de poner límites?
- ¿Cómo respondió mi hijo/a?

DIÁLOGO PUENTE: SOBRE LOS LÍMITES QUE DUELEN

Propuesta para una conversación real:

"¿Hay algo que sientes injusto en las reglas de casa?"

"¿Qué te gustaría que yo entendiera sobre tus reacciones?"

"¿Qué tipo de límites sientes que te ayudan, aunque a veces te enojen?"

A veces, abrir esta conversación es más importante que tener razón.

🎧 CULTURA POP: LÍMITES QUE NO HIEREN

🎬 Serie sugerida: "This Is Us"

Busca escenas donde los padres imponen decisiones difíciles desde el amor.

Conversación posterior:
- ¿Qué te pareció la forma en que lo dijeron?
- ¿Cómo se puede ser firme sin ser violento?

✏️ FRASE DE ANCLA PARA TU HIJO/A

"No siempre diré que sí.

Pero jamás dejaré de estar.

No vine a gustarte siempre.

Vine a acompañarte, incluso cuando no lo entiendas."

✏️ ACTIVIDAD CREATIVA EXTRA: "MI MANUAL INTERNO DE COHERENCIA"

Dibuja o escribe una especie de brújula personal con estos ejes:

- 💬 Lo que digo que valoro como madre/padre
- 📏 Lo que hago cuando hay conflicto
- 💔 Cuando no coinciden, me siento…
- 🌱 Quiero alinear mis palabras y acciones para que…

Usa este "mapa de coherencia" como recordatorio visible en días difíciles.

📎 CIERRE DEL MÓDULO

Escribe una frase que te sostenga cuando tengas que decir que no con amor:

"Hoy voy a poner un límite no para alejarte,

sino para mostrarte que soy una base segura."

MÓDULO 10

El poder de la ternura radical

Cuando el amor deja de exigir y empieza a sostener

RESUMEN CLAVE DEL CAPÍTULO

La ternura no es debilidad. Es una forma revolucionaria de acompañar.

En un mundo que empuja a los adolescentes a rendir, encajar y resistir, la ternura aparece como un lenguaje que calma el sistema nervioso, repara la herida del rechazo y devuelve humanidad al vínculo.

Es la forma más poderosa de decir:

"Aquí estás a salvo, incluso cuando no puedes más."

"La ternura no anula el límite. Lo sostiene sin destruir la dignidad del otro."

 BITÁCORA DE REFLEXIÓN

¿Cómo me relaciono con la ternura?

- "La ternura que recibí de adolescente fue..."

_____

_____

- "A veces me cuesta ser tierno/a porque..."

_____

_____

- "Siento que ser suave es igual a ser débil cuando..."

_____

_____

- "Pero cuando recibo ternura, me pasa que..."

_____

_____

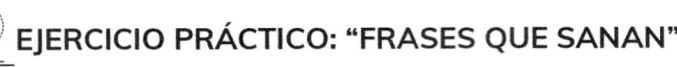 EJERCICIO PRÁCTICO: "FRASES QUE SANAN"

Elige 3 frases de esta lista (o crea las tuyas) para decirle a tu hijo/a esta semana:

- "Estoy orgulloso/a de ti, incluso cuando estás apagado/a."
- "No tienes que demostrar nada para merecer mi amor."
- "Gracias por ser como eres, incluso en tus días difíciles."
- "Estoy aprendiendo a acompañarte mejor. Tenme paciencia."
- "No me interesa que seas perfecto/a. Me interesa que seas tú."
- "Aquí puedes descansar emocionalmente."

Anota cómo te sentiste al decirlas:

¿Cómo crees que impactaron en él/ella (aunque no lo diga)?

DIÁLOGO PUENTE: ¿QUÉ NECESITAS DE MÍ?

Un día, simplemente siéntate con tu hijo/a y pregunta:

"¿Qué necesitas de mí que no estoy viendo?"

"¿Qué te gustaría que hiciera menos?"

"¿En qué momentos te sientes realmente querido/a por mí?"

No interrumpas. No expliques. Solo recibe, como un acto radical de amor.

CULTURA POP QUE ABRAZA

Película sugerida: Encanto (Disney)

No se trata de tener "dones". Se trata de que alguien te mire con amor cuando sientes que no tienes nada para ofrecer.

Preguntas para conversar:

- ¿Con qué personaje te identificas más?
- ¿Alguna vez sentiste que no eras suficiente?
- ¿Quién en tu vida ha sido tu "abrazo emocional"?

CARTA DE TERNURA INCONDICIONAL

Escribe esta carta y, si sientes que el momento es correcto, entrégala en papel, mensaje o voz:

"No sé si puedo darte todo lo que necesitas.

No soy perfecto/a. A veces me equivoco.

Pero hay algo que quiero que sepas hoy y siempre:

Estás a salvo conmigo.

Puedes ser torpe, vulnerable, silencioso/a, o rebelde.

No necesito que seas fuerte para amarte.

Solo necesito que seas tú."

Con amor,

 ACTIVIDAD CREATIVA FINAL: "MI ESPACIO SEGURO"

Junto a tu hijo/a, dibujen o escriban:

- Qué actitudes hacen que un espacio se sienta seguro
- Qué frases ayudan a calmar la angustia
- Qué cosas físicas y emocionales les hacen bien (música, silencio, humor, contacto, tiempo juntos…)

Peguen o guarden este mapa como recordatorio:

"En esta casa, el cuidado emocional es prioridad."

 **CIERRE DEL MÓDULO**

Reflexiona y escribe para ti:

"Hoy entiendo que mi rol no es formar una persona perfecta,

sino ofrecerle un lugar donde no tenga que fingir que lo es."

"Hoy me comprometo a criar con ternura,

no porque sea más fácil, sino porque es lo más valiente que puedo hacer."

⬅️ CIERRE INTEGRADOR DEL CUADERNO
Una transformación emocional, no un manual de crianza

Palabras finales

Este cuaderno no es un fin. Es un comienzo.
Un nuevo lenguaje, una forma de mirar distinta, una invitación a practicar la ternura como herramienta, el límite como cuidado y el vínculo como prioridad.

Has reflexionado, llorado, dudado, crecido. Has tenido el coraje de mirarte como adulto/a sin juzgarte, y eso ya es un acto de amor transformador.

"No se trata de tener todas las respuestas.

Se trata de no abandonar el intento de estar."
Gracias por haber recorrido este camino con honestidad.

🧭 BITÁCORA DE CIERRE

Completa con tu voz real, sin filtro:

- "Lo que más me costó aceptar fue..."

_____
_____
_____
_____

- "Lo que más me movió emocionalmente fue..."

_____
_____
_____
_____

- "Me descubrí haciendo lo siguiente con más conciencia..."

_____
_____
_____
_____

- "Hoy puedo decir que mi forma de acompañar..."

_____
_____
_____
_____

🦋 Carta final: de mí para mí

Escribe una carta para recordarte todo lo que aprendiste. Puedes guardarla, leerla en 6 meses o compartirla con alguien que esté criando con el alma abierta como tú.

"He recorrido este cuaderno no como quien busca una receta,

sino como quien busca un espejo.

Hoy entiendo que mi tarea no es formar hijos perfectos,

sino ofrecer vínculos honestos, espacios seguros y ternura sin medida."

Tarjetas de frases que sostienen

Frases para imprimir, pegar en la nevera, poner en la mochila o decir en voz alta:

Aquí estás a salvo, incluso cuando te sientes perdido

Estoy aprendiendo a acompañarte sin exigirme tener razón

No eres demasiado. No eres poco. Eres tú

Si un día no puedes más, aquí tienes un abrazo disponible.

El vínculo no se rompe por un error. Se fortalece en la reparación."

No tengo todas las respuestas, pero tengo tiempo, oído y amor

A veces el acto más valiente no es saber qué hacer, sino quedarte, aunque no sepas cómo.

"Acompañar no es tener todas las respuestas.
Es hacer del vínculo un lugar donde no se exige ser fuerte para ser querido

✳ **EXTRAS IMPRIMIBLES**

RETO 7 DÍAS DE CONEXIÓN REAL

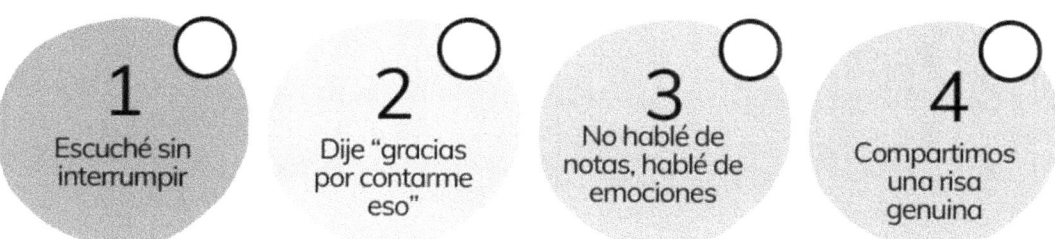

1. Escuché sin interrumpir
2. Dije "gracias por contarme eso"
3. No hablé de notas, hablé de emociones
4. Compartimos una risa genuina

5. No usé el celular durante nuestra conversación
6. Reconocí su esfuerzo en algo pequeño
7. Le dije: "Estoy feliz de ser tu mamá/papá"

¿Hiciste todas las actividades? Haz check en el circulo blanco y compartelo!

�֍ **EXTRAS IMPRIMIBLES**

Mantra

Mi mantra para los días difíciles es..."

🎁 BONUS CREADO ESPECIALMENTE PARA ESTE WORKBOOK

Este cuaderno de trabajo está pensado para ser vivido, sentido y transformado. Y como sé que cada experiencia emocional necesita espacio, quiero regalarte un conjunto de herramientas descargables que extienden lo que aquí comenzaste:

- 🧩 Tarjetas de emociones para acompañar conversaciones difíciles
- 📔 Bitácora mensual editable para seguir hackeando desde tu presente
- 🖼️ Láminas para imprimir y colocar en tu espacio de crianza
- 🎧 Playlist para madres y padres que no quieren rendirse
- 📝 Mini test emocional para identificar cómo estás criando hoy y mucho mas...

Únete a la comunidad emocional en WhatsApp. Escanea este código QR y accede a todos los materiales:

Si sentiste que este libro te hablaba directo al corazón, imagina lo que podemos compartir juntos en un espacio vivo, privado y humano.
En esta comunidad podrás:
- Compartir dudas, logros y emociones
- Recibir frases ancla, retos semanales y acompañamiento emocional
- Acceder a encuentros, lives y propuestas futuras

Porque cuidar el vínculo también es tener a mano herramientas que te sostengan en el camino.

"Acompañar no es tener respuestas. Es hacer del vínculo un lugar donde no se exige ser fuerte para ser querido."

Gracias por confiar en este espacio. El vínculo no termina aquí.

Heiddy Toledo
Autora de Hackea la Adolescencia

www.ingramcontent.com/pod-product-compliance
Lightning Source LLC
Chambersburg PA
CBHW080532030426
42337CB00023B/4705